Diseño y construcción hacia arriba

Nikole Brooks Bethea y Alma Patricia Ramirez

ROURKE'S SCHOOL to HOME CONNECTIONS
ANTES Y DURANTE LAS ACTIVIDADES DE LECTURA

Antes de la lectura: *Desarrollo del conocimiento del contexto y el vocabulario*

Desarrollar el conocimiento del contexto puede ayudar a los niños a procesar la información nueva y usar como base lo que ya saben. Antes de leer un libro, es importante utilizar lo que ya saben los niños acerca del tema. Esto los ayudará a desarrollar su vocabulario e incrementar la comprensión de la lectura.

Preguntas y actividades para desarrollar el conocimiento del contexto:

1. Ve la portada del libro y lee el título. ¿De qué crees que trata este libro?
2. ¿Qué sabes de este tema?
3. Hojea el libro y echa un vistazo a las páginas. Ve el contenido, las fotografías, los pies de fotografía y las palabras en negritas. ¿Estas características del texto te dieron información o predicciones acerca de lo que leerás en este libro?

Vocabulario: El vocabulario es la clave para la comprensión de la lectura

Use las siguientes instrucciones para iniciar una conversación acerca de cada palabra.
- Lee las palabras de vocabulario.
- ¿Qué te viene a la mente cuando ves cada palabra?
- ¿Qué crees que significa cada palabra?

Palabras de vocabulario:
- *ingenieros*
- *cimientos*
- *pilotes*
- *estructuras*

Durante la lectura: *Leer para obtener significado y entendimiento*

Para lograr la comprensión profunda de un libro, se anima a los niños a que usen estrategias de lectura detallada. Durante la lectura, es importante hacer que los niños se detengan y establezcan conexiones. Estas conexiones darán como resultado un análisis y entendimiento más profundos de un libro.

 ### Lectura detallada de un texto

Durante la lectura, pida a los niños que se detengan y hablen acerca de lo siguiente:
- Partes que sean confusas
- Palabras que no conozcan
- Conexiones texto a texto, texto a ti mismo, texto al mundo
- La idea principal en cada capítulo o encabezado

Anime a los niños a usar las pistas del contexto para determinar el significado de las palabras que no conozcan. Estas estrategias ayudarán a los niños a aprender a analizar el texto más minuciosamente mientras leen.

Cuando termine de leer este libro, vaya a la última página para ver una **Actividad para después de la lectura.**

Contenido

El problema del viento............................ 4

El problema del peso............................11

El problema de los terremotos..........16

Glosario de fotografías 22

Actividad de diseño de ingeniería..23

Índice...24

Actividad para después
de la lectura...24

Acerca del autor...................................24

El problema del viento

¡Mira hacia arriba! Las **estructuras** se elevan por las alturas. El viento es fuerte allá arriba. Empuja hacia un lado. Los edificios altos pueden mecerse.

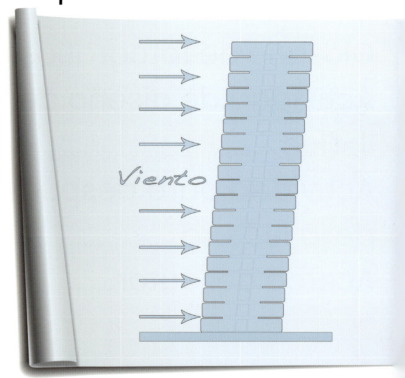

¿Cómo hacen los **ingenieros** para que los edificios altos se queden derechos?

Usan estructuras hechas de acero.

Algunos edificios altos tienen formas torcidas. Esto permite que el viento fluya alrededor del edificio.

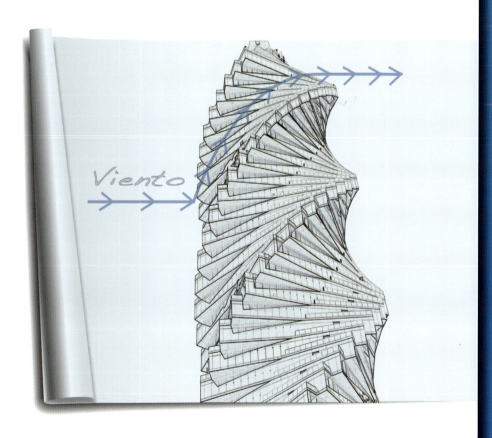

El viento no golpea el edificio con la fuerza completa.

El problema del peso

Las estructuras altas son pesadas. Su peso las empuja hacia adentro de la tierra.

¿Qué hacen los ingenieros para evitar que se hundan?

Los **cimientos** resistentes soportan estructuras altas. Esto distribuye el peso sobre una mayor superficie.

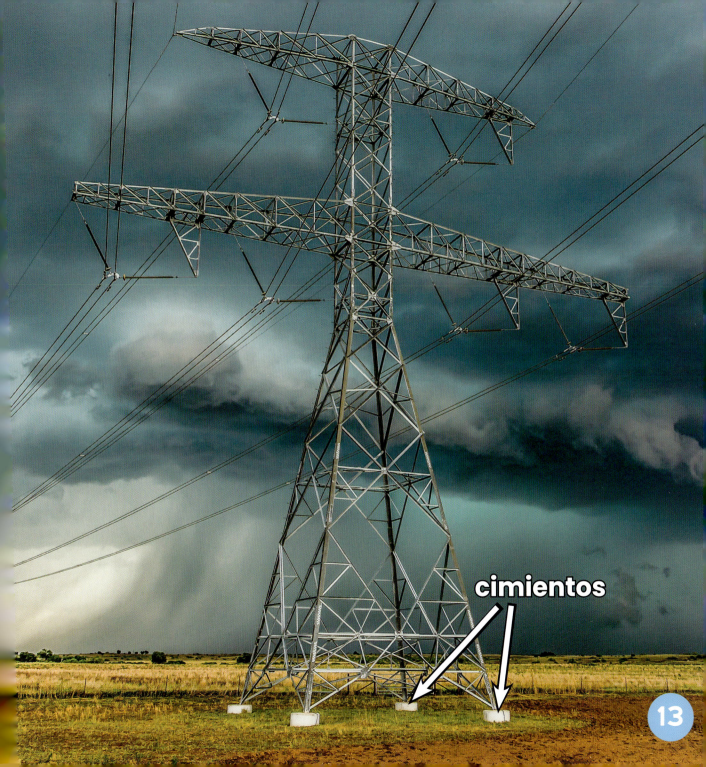

Algunos cimientos de estructuras altas tienen mucha profundidad en la tierra. Los **pilotes** ayudan a construir cimientos profundos. Son columnas delgadas bajo la tierra.

El problema de los terremotos

Los terremotos agitan la tierra. Sacuden la tierra de un lado para otro. Las estructuras altas se pueden derrumbar.

¿Cómo ayudan los ingenieros a que los edificios altos se queden en pie?

Usan soportes en las estructuras de los edificios. Los soportes que tienen forma de triángulo son resistentes.

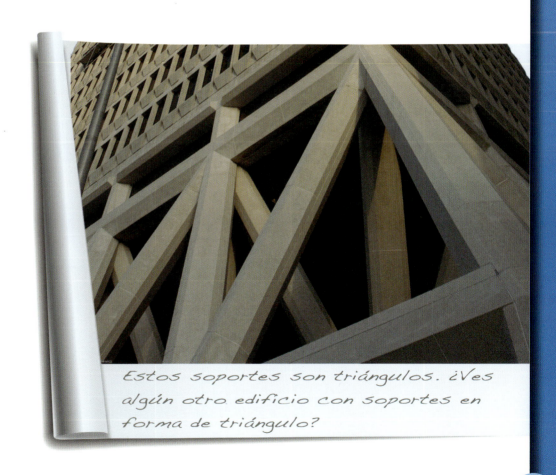

Estos soportes son triángulos. ¿Ves algún otro edificio con soportes en forma de triángulo?

Los aislantes en la base son cojinetes especiales. Se colocan debajo de las estructuras altas. Suavizan las sacudidas.

Cuando los ingenieros resuelven los problemas, se pueden hacer construcciones más altas.

Glosario de fotografías

ingenieros (in-ge-nie-ros): Personas que usan matemáticas, ciencias y tecnología para resolver problemas.

cimientos (ci-mien-tos): Estructuras sólidas, normalmente de concreto, que soportan un edificio u otra estructura desde abajo.

pilotes pilotes (pi-lo-tes): Cilindros largos hechos de un material resistente que se insertan en la tierra para dar soporte a la estructura que está encima.

estructuras (es-truc-tu-ras): Cosas que se construyen, por ejemplo casas, puentes o edificios.

Actividad

Actividad de diseño de ingeniería

¿Qué diseño usarás para construir hacia arriba?

Materiales
papel
tijeras
ventilador eléctrico
cinta transparente
barra de una yarda o
barra de un metro
superficie plana para
construir

Instrucciones
Diseña y construye una torre usando solo papel, cinta y tijeras. Construye lo más alto y más resistente que puedas. Mide la altura. Coloca el ventilador a tres pies (0.9 metros) de distancia. ¿Tu torre resiste? Mueve el ventilador cada vez más cerca de la torre. ¿Qué tan cerca de tu torre puedes mover el ventilador antes de que se caiga?

Índice

edificio/s 4, 6, 8, 9, 18, 19
terremotos 16
fuerza 9
estructuras 7, 19
peso 11, 12
viento 4, 8, 9

Acerca del autor

Además de escribir libros de ciencias para niños, Nikole Brooks Bethea es una ingeniera profesional. Sus diseños incluyen tanques de agua altos, sistemas para tratamiento de agua potable y aguas residuales e instalaciones de agua y aguas residuales subterráneas. Ella vive en la franja territorial de Florida con su esposo y sus cuatro hijos.

Actividad para después de la lectura

Busca edificios altos, puentes, torres y otras estructuras altas en tu ciudad. ¿Notas alguna característica de diseño especial que los ayude a mantenerse altos? Por ejemplo, puedes ver los cimientos debajo de ellos? Haz una lista. Escribe el nombre de cada estructura alta y su característica de diseño especial.

Library of Congress PCN Data

Diseño y construcción hacia arriba / Nikole Brooks Bethea
(Mi biblioteca de ingeniería)
ISBN (pasta dura)(alk. paper) 978-1-73164-895-2
ISBN (pasta blanda) 978-1-73164-843-3
ISBN (e-Book) 978-1-73164-947-8
ISBN (e-Pub) 978-1-73164-999-7
Library of Congress Control Number: 2021935545

Rourke Educational Media
Printed in the United States of America
01-1872111937

© 2022 Rourke Educational Media

All rights reserved. No part of this book may be reproduced or utilized in any form or by any means, electronic or mechanical including photocopying, recording, or by any information storage and retrieval system without permission in writing from the publisher.

www.rourkeeducationalmedia.com

Editado por: Hailey Scragg
Portada y diseño de interiores: Rhea Magaro-Wallace
Traducción: Alma Patricia Ramirez
Photo Credits: Cover logo: frog ©Eric Phol, test tube ©Sergey Lazarev, cover tab art ©siridhata, cover photo ©Lana2011; pages 5, 22: aiisha; pages 6, 22: ©Rusian Dashinsky; page 7: ©Fabvietnam_Photography; page 8: ©SandraMatic; page 9: ©Torsakarin; pages 13, 22: ©JohnKirk; page 15: ©AllenAllnoon; page 17: ©fiki j bhayangkara; page 18: ©Dan Henson